F.

DE LA RESPONSABILITÉ CIVILE

DES

FOURNISSEURS

DE L'ARMÉE

PAR

M. A. BOUCHIÉ de BELLE

Avocat au Conseil d'État et à la Cour de Cassation

SOUS-INTENDANT MILITAIRE DE 3ᵉ CLASSE DU CADRE AUXILIAIRE

(Extrait de la *Revue du Service de l'Intendance*

PARIS

11, PLACE SAINT-ANDRÉ-DES-ARTS.

LIMOGES

46, NOUVELLE ROUTE D'AIXE, 46.

Henri CHARLES-LAVAUZELLE

Éditeur militaire.

1895

DE LA RESPONSABILITÉ CIVILE

DES

FOURNISSEURS DE L'ARMÉE

DE LA RESPONSABILITÉ CIVILE

DES

FOURNISSEURS

DE L'ARMÉE

PAR

M. A. BOUCHIÉ de BELLE

Avocat au Conseil d'État et à la Cour de Cassation

Sous-Intendant Militaire de 3ᵉ Classe du Cadre Auxiliaire

(Extrait de la *Revue du Service de l'Intendance*.)

PARIS || **LIMOGES**

11, Place Saint-André-des-Arts || 46, Nouvelle Route d'Aixe, 46.

Henri CHARLES-LAVAUZELLE

Éditeur militaire.

DE LA RESPONSABILITÉ CIVILE

DES

FOURNISSEURS DE L'ARMÉE

———

1. — Dans une précédente étude (1), sous le titre de Délit sdes fournisseurs, nous avons examiné les pénalités spéciales édictées par les articles 430 à 433 du Code pénal pour réprimer la négligence, le mauvais vouloir ou la mauvaise foi de ceux qui, s'étant chargés de fournitures pour l'armée, ont fait manquer le service ou bien se sont rendus coupables de fraudes et de tromperies sur la nature, la qualité ou la quantité des choses livrées. Mais ces pénalités, qui ne s'appliquent qu'à des infractions graves impliquant généralement chez leurs auteurs une intention criminelle ou tout ou moins délictueuse, ne sont pas les seules dont puissent être passibles les fournisseurs qui ne remplissent pas exactement leurs obligations. Il en est d'autres purement civiles et pécuniaires, qui sont établies par les cahiers des charges généraux ou spéciaux que l'administration de la guerre a dressés pour les différentes entreprises de fournitures à faire à l'armée. Ces cahiers des charges, ainsi que les règlements concernant les services auxquels ils se rapportent, instituent, en effet, des garanties en vue de la bonne exécution des marchés.

———

(1) *Revue de l'Intendance*, septembre-octobre 1892.

Ils autorisent, notamment, l'administration à prendre, à l'égard des fournisseurs défaillants, des mesures coercitives plus rigoureuses, en général, que celles qu'a prévues le code Civil, ou même que celles qui sont usitées dans les autres services de l'Etat. C'est que les marchés de fournitures pour l'armée de terre, comme pour celle de mer, n'ont pas le même caractère que les contrats analogues passés soit par les particuliers, soit par l'Etat lui-même. Ils constituent de véritables opérations administratives, étroitement liées à la marche des services et ne comportant, par conséquent, ni ajournements, ni défaillances. Aussi, les mesures de rigueur prévues par les cahiers des charges, ne consistent-elles pas seulement, comme dans les marchés ordinaires, dans la résiliation avec ou sans dommages-intérêts, et dans l'exécution de l'entreprise aux frais et risques du fournisseur défaillant, mais dans l'application de clauses pénales nombreuses et spéciales telles que amendes, retenues, etc., dans des déchéances, dans la saisie totale ou partielle du cautionnement, dans la résiliation des autres marchés passés par le même fournisseur avec l'administration, etc.

2. — Nous nous proposons aujourd'hui de passer en revue ces pénalités diverses, en examinant les cas dans lesquels les différents cahiers des charges les rendent applicables, en même temps que les règles communes qui président à cette application. Nous signalerons les principales difficultés qu'elles ont fait naître, ainsi que les solutions auxquelles ces difficultés ont donné lieu de la part de la jurisprudence.

3. — Mais, tout d'abord, il convient d'établir un principe qui est, du reste, la conséquence de ce caractère spécial des marchés de fournitures dont nous parlions plus haut. C'est que ces marchés, ceux du moins qui ont un cahier des charges, constituent des contrats *sui generis*, parfaitement distincts des types de contrats civils et commerciaux créés par nos codes. M. Laferrière, dans son

remarquable *Traité de la juridiction administrative* (1), enseigne que le marché de fournitures et son cahier des charges forment un contrat « réputé complet par lui-même, qui emprunte au droit civil ou commercial les dispositions qu'il croit bonnes, néglige les autres et n'est pas présumé accepter celles qu'il passe sous silence. C'est pourquoi la jurisprudence n'admet pas qu'une compagnie de transports maritimes qui a fait un marché avec l'Etat puisse s'affranchir de ses obligations en faisant l'abandon du navire et du fret prévu par l'article 216 du Code de commerce (2), ni qu'elle puisse invoquer dans le silence du cahier des charges les dispositions du Code relatives aux avaries (3) ».

4. — La jurisprudence n'a recours au droit commun pour compléter le cahier des charges que lorsque celui-ci a paru lui-même s'y référer implicitement. Ainsi, quand il résulte du cahier des charges qu'un fournisseur de fourrages à la ration occupant un immeuble de l'Etat doit en être considéré comme locataire, la responsabilité de ce fournisseur, en cas d'incendie, doit être déterminée conformément au Code civil, auquel il n'a pas été dérogé par les stipulations du marché. Il a été décidé, en conséquence, que ce fournisseur n'avait à répondre, aux termes de l'article 1733 du Code civil, que du montant du dommage causé par l'incendie, mais qu'il ne pouvait être tenu de reconstruire l'immeuble à ses frais, parce que, alors, l'Etat profiterait indûment de la plus-value des bâtiments neufs sur ceux qui avaient été détruits par le feu (4).

5. — En dehors des cas où, comme dans l'espèce de cet

---

(1) Laferrière, *Traité de la juridiction administrative*, tome II, page 136.

(2) Conseif d'Etat, 20 décembre 1872, 8 mai 1874, 18 novembre 1887.

(3) Conseil d'Etat, 19 décembre 1868.

(4) Conseil d'Etat, 13 mars 1891.

arrêt, il apparaît que les parties ont entendu tacitement s'en rapporter à la loi ordinaire pour déterminer leurs obligations respectives, la jurisprudence, dans le silence du cahier des charges, n'emprunte au droit commun que certains principes généraux qui, à défaut de clause contraire, et pour des motifs de raison et d'équité, régissent, en général, tous les contrats.

6. — Mais autrement, le droit commun n'est applicable aux marchés de fournitures que lorsqu'il s'agit de fournitures faites sans cahier des charges ni marché écrit, par exemple, celles qui ont lieu sur simple facture ou mémoire. Dans ce cas, on ne se trouve pas, à proprement parler, en face d'un marché, et, sous la réserve de la question de compétence, s'il y a contestation, les règles à suivre sont celles qui seraient applicables entre particuliers. S'il s'agit d'une vente, la garantie des défauts cachés de la chose vendue ou des vices rédhibitoires s'exercera comme il est dit aux articles 1641 et suivants du Code civil. Ainsi, le marchand qui, sur commande verbale, aura fourni à l'administration des meubles de bureau, qu'un défaut caché aura rendus impropres à l'usage pour lequel ils ont été achetés, pourra être contraint de les reprendre et de restituer le prix avec des dommages-intérêts.

Lorsque les fournitures auront été faites au poids, au compte ou à la mesure, elles seront aux risques du fournisseur, aux termes de l'article 1585 du Code civil, jusqu'à ce qu'elles aient été pesées, comptées ou mesurées, et cela, alors même que l'administration aurait mis à la disposition de ce fournisseur une partie des sacs nécessaires au transport et qu'elle aurait délivré une réquisition pour ce transport (1).

7. — Les marchés de fournitures de la viande fraîche, de

---

(1) Conseil d'Etat, 25 juillet 1873.

denrées ou d'objets nécessaires aux ordinaires n'étant pas considérés comme des marchés administratifs mais comme des contrats ordinaires, sont régis par le droit commun, même lorsqu'il existe un cahier des charges. Ce cahier, dont le département de la guerre a donné le modèle, à modifier selon les circonstances et les ressources locales, n'a que la valeur attachée par l'article 1134 du Code civil aux conventions entre particuliers. Il n'est pas, comme les cahiers des charges des marchés administratifs, la loi exclusive des parties. Il est à remarquer, d'ailleurs, qu'il ne déroge au droit commun qu'exceptionnellement et quand cela a paru indispensable, notamment lorsqu'il affranchit les commissions des ordinaires de l'obligation de demander l'autorisation de la justice pour faire exécuter le service abandonné par le fournisseur aux risques et périls de ce dernier, au moyen d'un traité par défaut, et lorsqu'il substitue conventionnellement à cette autorisation celle du chef de corps. Motivée par la nécessité de pourvoir rapidement à des besoins immédiats, cette dispense de recourir aux tribunaux dans ce cas particulier constitue presque la seule dérogation aux règles ordinaires que l'on rencontre dans ce cahier des charges. Dans tous les autres cas de difficultés, il permet, au contraire, au fournisseur de saisir l'autorité judiciaire de la contestation. Il n'établit aucune des pénalités stipulées dans les cahiers des charges des marchés administratifs et dont nous allons nous occuper maintenant.

Clauses pénales.

8. — La clause pénale, en droit commun, est une convention par laquelle le débiteur d'une obligation s'engage à une prestation quelconque, par exemple au paiement d'une certaine somme d'argent, pour le cas où il n'accomplirait pas cette obligation de la manière convenue ou

se trouverait en retard de l'accomplir. Le plus souvent l'objet de la clause pénale est de déterminer par avance et à titre de forfait, le montant des dommages-intérêts dus à celui envers qui un engagement a été pris par celui qui a contracté cet engagement et qui ne l'exécuterait pas.

Elle a le caractère d'une réparation plutôt que celui d'une peine.

Il n'en est pas de même des clauses pénales insérées dans les cahiers des charges des entreprises de fournitures pour l'armée. Ici, le caractère de pénalité domine, et, ce qui le montre, c'est que l'amende ou la retenue convenue est due sans préjudice de l'application d'autres clauses qui ont spécialement pour objet de régler le mode de réparation du dommage causé à l'Etat par l'inexécution du marché.

9. — En droit commun et aux termes du Code civil, la peine stipulée par la convention n'est encourue par le débiteur qu'autant qu'il a été mis en demeure par le créancier. Toutefois, lorsqu'il s'agit d'une obligation de faire, il peut être stipulé entre les parties que la mise en demeure résultera de la seule échéance du terme, sans qu'il soit besoin d'une sommation ou d'un acte interpellatif quelconque.

Cette dispense de mise en demeure est habituellement insérée dans les cahiers des charges dressés par l'administration de la guerre. Toutefois, lorsqu'elle n'est pas stipulée, la mise en demeure est obligatoire, car il y a lieu, dans ce cas, de se référer aux règles générales du droit.

10. — Les clauses pénales se rencontrent fréquemment dans les différents types de cahiers des charges arrêtés par l'administration de la guerre pour servir de base à tous les marchés d'un service, et aux conditions desquels les traitants souscrivent, en termes généraux, dans chaque marché.

Ces clauses pénales sont instituées dans le but de contraindre, sous une sanction pécuniaire, l'entrepreneur à exécuter le marché aux époques et dans les conditions convenues. Les plus usitées visent le cas de retard dans la livraison et celui de rejet des fournitures présentées. D'autres ont pour but de punir l'entrepreneur, lorsque des manquants, des pertes ou des avaries sont constatés dans les approvisionnements qu'il doit entretenir ou dans les matières premières que l'administration lui a remises pour les transformer.

11. — Nous croyons utile d'examiner successivement ces différentes clauses pénales, dont l'importance est sérieuse et dont l'application n'a pas laissé que de donner lieu à certaines difficultés.

1º *Pénalités en cas de retard.* — Ces pénalités consistent, le plus souvent, en une retenue sur le montant des sommes qui représentent, au prix du marché, la valeur des fournitures livrées en retard ou non livrées. Pour les objets qui comportent seulement un prix de confection, la retenue est calculée d'après ce prix.

Un certain nombre de cahiers des charges, notamment celui du 17 septembre 1890 pour la fourniture des denrées, liquides et autres objets de consommation à faire aux hôpitaux militaires, et celui du 11 juillet 1893 pour les entreprises de confections et de fournitures d'effets du service de l'habillement, fixent la retenue « à 1 franc par 1,000 francs et par jour pendant les trente premiers jours de retard, et à 2 francs par 1,000 francs et par jour à partir du trente et unième jour de retard, mais sans que le montant total des retenues puisse dépasser le dixième du montant des fournitures en retard compris dans une même facture trimestrielle ».

Cette retenue cesse à partir de la livraison effective de la fourniture en retard. La date de cette livraison, constatée par le bulletin de dépôt établi par le fournisseur, est certifiée par l'officier comptable du magasin administratif. La retenue cesse également à compter du jour où l'administration a avisé l'entrepreneur qu'elle a acheté directement les objets non livrés ou qu'elle a pourvu, aux risques et périls de l'entrepreneur et par la voie qu'elle a jugé convenable, au service restant à faire jusqu'à l'expiration du marché, ou bien seulement aux fournitures et confections non effectuées en temps utile.

Au cas où le cahier des charges donne à l'administration le droit de prononcer la résiliation du marché pour cause de retard prolongé, la retenue est décomptée jusqu'au jour de cette résiliation. Elle n'est pas applicable aux fournitures non livrées et à l'égard desquelles le marché a été résilié (1).

12. — Dans le cahier des charges du service des subsistances, la clause pénale consiste non dans une retenue proportionnelle à la durée du retard, mais dans une imputation fixe. Ainsi, le cahier des charges du 13 novembre 1892, pour la fourniture et la fabrication du pain de troupe à la ration, stipule que. « lorsque l'entrepreneur n'est pas en mesure de livrer à l'heure et dans les conditions voulues les quantités de pain qui lui ont été demandées ou celles qu'il doit fournir en remplacement de celles rejetées, l'administration militaire est libre de faire pourvoir à la fourniture desdites quantités de la manière qu'elle juge convenable et aux risques et périls de l'entrepreneur.

» Indépendamment de l'excédent éventuel de dépenses résultant de l'achat fait par défaut, l'entrepreneur subit alors, sur ses factures, une imputation égale à 5 p. 100 de la valeur des fournitures non assurées en temps utile. En cas de récidive, le taux de l'imputation est élevé à 6 p. 100 de la même valeur pour la première récidive, à 8 p. 100 pour la seconde, et à 10 p. 100 pour la troisième.

---

(1) Conseil d'Etat, 12 mars 1875.

» A la suite de la quatrième récidive, il est fait d'office application des dispositions relatives à la résiliation de marché ou à la passation d'un marché par défaut. »

La même clause se trouve insérée dans le cahier des charges du 2 septembre 1893 pour la fourniture des fourrages à la ration.

13. — La pénalité ainsi stipulée en cas de non livraison des fournitures dans le délai convenu est appliquée sans préjudice du droit pour l'administration de refuser d'accepter les livraisons qui pourraient être faites après l'expiration de ce délai, lorsque l'exécution dans ledit délai peut être considérée comme une des conditions essentielles du marché (1). La jurisprudence a décidé que, dans ce cas, le Ministre avait ce droit, même alors qu'il n'aurait pas mis préalablement l'entrepreneur en demeure. La mise en demeure nécessaire, à moins de dispense expresse, pour l'application de la clause pénale, ne l'est pas pour permettre à l'administration de refuser la fourniture (2). L'acceptation d'une partie de cette fourniture après l'expiration du délai ne saurait être considérée comme une renonciation au droit résultant de cette expiration (3). Il n'est pas nécessaire, pour que la clause pénale soit encourue, que le retard ait causé un préjudice à l'Etat. Comme nous l'avons dit plus haut, la retenue ou l'imputation ainsi prévue par le contrat, constitue une pénalité que l'entrepreneur est tenu de subir par le fait seul qu'il a été en retard dans l'exécution de ses obligations.

14. — Autrefois, la jurisprudence du Conseil d'Etat ne dispensait même pas de l'application de la pénalité l'entrepreneur qui n'était pas en faute et que des circonstan-

---

(1) Conseil d'Etat, 16 juillet 1880.
(2) Conseil d'Etat, 17 décembre 1880.
(3) Même arrêt.

ces indépendantes de sa volonté, telles qu'un événement fortuit ou une force majeure, avaient seules empêché d'effectuer la livraison des fournitures à l'époque convenue (1).

Il fallait, pour que la pénalité ne lui fût pas infligée, que le traité réservât expressément le cas fortuit ou de force majeure. Et encore la jurisprudence ne considérait-elle comme des événements de force majeure que les accidents naturels. Elle ne rangeait pas dans cette catégorie les autres obstacles ou difficultés que l'entrepreneur avait pu rencontrer et qui n'étaient pas son fait personnel.

Cette interprétation rigoureuse donnée à la clause pénale était une dérogation au principe général posé par le Code civil dans l'article 1148 et d'après lequel « il n'y a lieu à aucuns dommages-intérêts lorsque, par suite d'une force majeure ou d'un cas fortuit, le débiteur a été empêché de donner ou de faire ce à quoi il était obligé ou a fait ce qui lui était interdit. »

15. — On essayait de justifier cette dérogation au droit commun par l'intérêt qu'il y a pour l'administration de la guerre à éviter les contestations auxquelles ne pourrait manquer de donner lieu l'allégation des cas fortuits ou de force majeure. Mais le Conseil d'Etat est revenu depuis longtemps déjà sur cette jurisprudence, et aujourd'hui la clause pénale cesse d'être appliquée dès que l'entrepreneur établit que son retard tient à une cause étrangère qui ne lui est pas imputable, par exemple à un accident de la nature, ou bien au fait d'une personne ou d'une chose dont il n'avait pas à répondre (2). Dans ce cas, la clause pénale ne redevient applicable que si cet accident ou ce fait a été précédé ou accompagné d'une

---

(1) Conseil d'Etat, 8 juin 1832-11 août 1864.
(2) Conseil d'Etat, 24 janvier 1879.

faute imputable au fournisseur et sans laquelle il aurait pu exécuter régulièrement son obligation.

Ainsi le fournisseur qui n'aurait pas fait les diligences nécessaires pour exécuter son marché dans le délai convenu, et alors que la fabrication ne rencontrait pas d'obstacles, ne serait pas fondé à alléguer que cette fabrication aurait été rendue impossible par le bombardement, le manque de charbon et autres difficultés résultant de la situation de la ville (1).

16. — Lorsque les difficultés résultant d'une force majeure ou d'événements fortuits ont seulement contribué à causer le retard et qu'une certaine part de responsabilité subsiste à la charge du fournisseur, les retenues ou imputations dont il est passible peuvent être réduites dans une équitable mesure ; c'est ce qui a été décidé par le Conseil d'Etat dans les termes suivants (2) : « En ce qui touche les retenues pour retards constatés à l'arrivée : considérant qu'il résulte de l'instruction que ces retards ont été, *en grande partie,* causés par le mauvais état des chemins, la disette des bêtes de somme et les autres difficultés de transport qui ont été la conséquence et la suite de l'insurrection qui a éclaté en 1871 dans la province de Constantine ; qu'il serait fait une juste appréciation des circonstances de l'affaire en réduisant de moitié le montant des retenues qui ont été opérées de ce chef. »

17. — Il va de soi que c'est au fournisseur qui allègue pour sa justification un cas fortuit ou de force majeure à le prouver. Ce serait, au contraire, à l'administration qu'il appartiendrait, conformément aux principes généraux du droit, d'établir que l'événement ou le fait invoqué et dont la preuve a été rapportée, a été précédé ou accompagné de quelque faute imputable au fournisseur.

(1) Conseil d'Etat, 6 février 1874.
(2) Conseil d'Etat, 23 mars 1877.

18. — Par exception aux règles que nous venons d'é-
noncer, le cahier des charges peut stipuler que les cas fortuits de force majeure ou certains de ces cas n'empêche-
ront pas l'application de la clause pénale. Ainsi le cahier
des charges du 2 septembre 1893, pour la fourniture des
fourrages à la ration, ne permet pas à l'entrepreneur
d'invoquer comme cas de force majeure le chômage des
canaux, et il stipule dans son article 11 que « ce chômage n'empêche pas l'application des pénalités pour
retards ».

19. — Le cahier des charges du 11 juillet 1893, concernant les fournitures d'habillement, n'exclut aucun cas
fortuit ou de force majeure, mais il n'admet l'entrepreneur
à les invoquer que sous certaines conditions. L'article 35
porte que « les cas de force majeure ou événements fortuits de nature à entraver l'exécution des marchés pourront donner lieu à la concession de sursis, sous la condition que le service n'aura pas à en souffrir et que les
faits auront été signalés dans les vingt-quatre heures par
l'entrepreneur au sous-intendant militaire de la circons-
cription où se trouve situé l'établissement. Les sursis d'une
durée d'un mois et au-dessous sont accordés par le directeur du service de l'intendance des régions de corps
d'armée dans lesquelles sont situés les magasins récep-
tionnaires. Les sursis de plus d'un mois ne peuvent être
concédés que par le Ministre ; les demandes lui sont
transmises par les directeurs du service de l'intendance
avec leur avis motivé. Faute par l'adjudicataire de faire
sa déclaration dans le délai de vingt-quatre heures, il est
passible de toutes les conséquences qui pourront en
résulter pour retard ou mauvaise exécution du service.

» Il ne sera pas donné suite aux demandes de sursis
qui seraient formées après l'expiration des délais de
livraison, ni aux demandes de remise de pénalités en-
courues. »

Cet article subordonne, on le voit, l'admission du cas

fortuit ou de la force majeure à la condition que les faits auront été signalés par l'entrepreneur au sous-intendant dans les vingt-quatre heures, afin de permettre à ce fonctionnaire de les constater en temps utile.

L'entrepreneur qui aura accompli cette formalité pourra, si le service ne doit pas en souffrir, obtenir un sursis plus ou moins prolongé. Pendant la durée de ce sursis, la pénalité pour retard ne lui sera pas applicable. Elle ne lui sera pas davantage applicable en cas de refus de sursis, si la déclaration qu'il aura faite au sous-intendant dans les vingt-quatre heures, est reconnue exacte. Mais, à défaut de déclaration dans ce délai, il cessera d'être recevable à invoquer le cas fortuit ou la force majeure, il ne pourra plus être admis à en faire la preuve ; en un mot, il sera forclos.

20. — L'entrepreneur n'est pas recevable, pour se soustraire à la pénalité pour retard, à contester la validité de son marché, à prétendre, notamment, que ce marché aurait dû être approuvé par le Ministre de la guerre et non par l'intendant militaire. Le Conseil d'Etat, sans examiner si, dans l'espèce dont il était saisi, l'intendant n'avait pas pu valablement, à raison de l'urgence, approuver le marché par délégation du Ministre, a décidé (1) que « si par l'article 14 du cahier des charges, le Ministre de la guerre s'était réservé l'approbation de l'adjudication, le sieur B... était définitivement engagé par sa soumission ; que, d'ailleurs, en accusant réception de la lettre qui lui faisait connaître que l'intendant militaire avait approuvé l'adjudication, en déclarant qu'il allait se mettre en mesure d'exécuter le marché, il a reconnu la régularité de cette approbation. »

21. — 2o *Pénalités en cas de rejet des fournitures.* — Les fournitures qui font l'objet de marché, qu'il s'agisse de

_____

(1) Conseil d'Etat, 30 mai 1879.

Fournis.

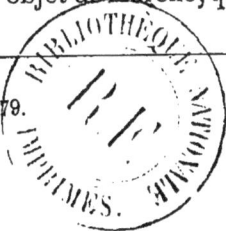

2

denrées, de matières ou d'effets confectionnés, doivent remplir rigoureusement les conditions déterminées dans les notices annexées aux cahiers des charges. Les commissions doivent, en effet, se conformer pour les réceptions aux prescriptions de ces notices. En cas de rejet, l'entrepreneur doit, naturellement, supporter les pertes qui en sont la conséquence, notamment les frais de manutention des objets refusés et les détériorations résultant des investigations de la commission et des experts. S'il s'agit d'effets confectionnés, il doit verser au Trésor la valeur des matières premières employées à la confection et qui lui ont été remises par l'Etat.

22. — Mais, en outre de ces pertes, quelques cahiers des charges lui infligent encore certaines pénalités pécuniaires. Ainsi, le cahier des charges pour la fourniture des fourrages à la ration stipule qu'en cas de refus d'une denrée pour cause de défaut de manutention (criblage insuffisant pour l'avoine, foin présentant des parties défectueuses, etc.), l'entrepreneur subit une imputation égale à 5 p. 100 de la valeur de la denrée d'après le prix du marché. Cette imputation est portée à 10 p. 100 en cas de récidive.

Une retenue, que certains cahiers des charges et notamment celui du 17 septembre 1890 pour les fournitures aux hôpitaux militaires, fixent à un cinquième, est applicable lorsqu'à raison des circonstances, l'administration est obligée d'accepter une denrée de qualité inférieure à celle exigée par le cahier des charges.

23. — 3° *Pénalités en cas de manquants et de sorties non autorisées de denrées*. — Lorsque l'entreprise comporte des approvisionnements que l'administration seule a le droit de diminuer ou d'augmenter, dans des proportions déterminées par le cahier des charges, le fournisseur qui néglige d'entretenir ces approvisionnements ou qui en distrait quelque partie sans autorisation, encourt des pénalités analogues à celles qui sont stipulées pour re-

tards. Ainsi, les cahiers des charges pour la fourniture du pain de troupe et pour celle des fourrages à la ration infligent à l'entrepreneur qui a fait sortir des denrées des magasins sans l'autorisation du sous-intendant, ou qui n'a pas remplacé dans les délais fixés les denrées rejetées des approvisionnements, une imputation égale à 5 p. 100 de la valeur de ces denrées.

La même imputation lui est imposée lorsqu'un manquant est constaté, sans qu'il ait rien tenté pour le dissimuler. Elle est portée à 10 p. 100 de la valeur du manquant lorsque le manquant n'a pas été comblé dans le délai fixé par le sous-intendant ou lorsque l'entrepreneur a tenté de le dissimuler au moyen de fausses déclarations ou d'entrées fictives.

24. — 4° *Pénalités en cas de pertès ou d'avaries*. — Aux termes des articles 377, 381 et 657 du règlement du 26 mai 1866, sur le service des subsistances, les pertes et avaries provenant d'événements de force majeure dûment constatés sont à la charge de l'Etat lorsqu'elles se sont produites sur des denrées, des bestiaux ou du matériel existant dans les établissements ou dans les parcs spécialement affectés à l'exploitation du service, ou bien mis en route par ordre de l'autorité compétente, ou bien encore sortis des magasins pour l'exécution ordinaire du service.

L'article 377 indique à titre démonstratif les principaux événements de force majeure ; mais ces événements ne doivent être considérés comme tels que s'ils n'ont pas pu être évités et que s'ils ne sont pas le résultat d'une faute commise par l'entrepreneur.

Il est parfois difficile d'apprécier où commence la faute. Ainsi, dans l'espèce d'un arrêt du Conseil d'Etat du 14 mai 1875, le Ministre avait considéré comme une faute le fait, par un entrepreneur de transport chargé de distribuer aux divers corps de l'armée des bestiaux appartenant à l'Etat, de n'avoir pas évité la prise de ces

bestiaux par l'ennemi en les disséminant dans les éta-
bles d'un village ou dans les fermes voisines. Le Conseil
d'Etat admit, au contraire la force majeure et déchargea
l'entrepreneur de toute responsabilité, en se fondant sur
ce que les conducteurs du troupeau n'avaient abandonné
celui-ci qu'à l'arrivée d'une troupe ennemie et par suite
de l'impossibilité où ils étaient de la défendre. Le Conseil d'Etat ne leur imputa pas à faute d'avoir peut-être
manqué d'initiative et de présence d'esprit.

25. — Mais si, aux termes des articles 377 et 381 préci-
tés du règlement du 26 mai 1866, l'Etat est tenu, dans les
cas de force majeure, de rembourser aux fournisseurs
les pertes et avaries survenues à des denrées ou à du matériel existant dans les magasins employés par eux pour
les besoins du service, aucune disposition du même règlement ne met à la charge de l'Etat la destruction par
la même cause de ces magasins. Ainsi dans une espèce
où les bâtiments contenant les fourrages avaient été in-
cendiés par l'ennemi en même temps que ces fourrages
eux-mêmes, le Conseil d'Etat a décidé que l'Etat n'était
tenu de rembourser que la valeur des fourrages et non
celle des immeubles où le fournisseur les avait pla-
cés (1).

26. — Les cahiers des charges se bornent généralement
à faire l'application de ces règles. Ainsi l'article 6 des
cahiers des charges pour les fournitures du pain à la
ration et des fourrages, ne déclarent l'entrepreneur responsable des avaries survenues aux denrées d'approvisionnement ou de distribution appartenant à l'Etat et
qui se trouvent dans ses magasins que s'il est en faute.
Il subit, dans ce cas, une amende qui peut s'élever au
montant de la perte éprouvée par l'Etat. Mais lorsque
l'altération est le résultat de circonstances fortuites et

---

(1) Conseil d'Etat du 24 décembre 1880.

indépendantes de la volonté du fournisseur, telles, par exemple, que l'humidité des magasins (1), l'administration se borne à indiquer à celui-ci la destination à donner aux denrées altérées et les fait remplacer par des denrées de bonne qualité.

Lorsque l'altération s'est produite sur des denrées appartenant à l'entrepreneur, celui-ci doit, même quand il n'est pas en faute, les enlever et les remplacer à ses propres frais. C'est l'application de la règle de droit commun qui met la perte de la chose à la charge de celui à qui elle appartient. Mais s'il est reconnu que les denrées sont défectueuses par leur vice propre ou que l'altération aurait pu être évitée par l'entrepreneur, celui-ci, en outre de la perte de la chose, subit, à titre de pénalité, une imputation égale à 10 p. 100 de sa valeur.

Dans le service de l'habillement, le cahier des charges du 11 juillet 1893 se montre encore plus rigoureux. Aux termes de son article 47, l'entrepreneur répond d'une manière absolue des pertes et des avaries survenues aux matières qui lui ont été remises pour les confections ; aucune exception n'est admise à cette responsabilité, même quand la perte ou l'avarie provient de cas fortuit ou de force majeure.

Exécution aux frais et risques du fournisseur.

27. — Les clauses pénales proprement dites ne sont pas les seules garanties qui soient prises contre les fournisseurs qui n'exécutent pas les conditions de leur marché. Les amendes et les retenues que les clauses leur infligent ne sauraient suffire, en effet, pour sauvegarder les intérêts que cette inexécution peut léser. Aussi les marchés, qu'ils soient passés par le Ministre ou par ses délégués,

---

(1) Conseil d'Etat, 1er août 1889.

stipulent-ils presque toujours que, dans le cas où le trai-
tant ne remplirait pas ses engagements, il sera pourvu
au service à ses frais, risques et périls, soit au moyen
d'un marché par défaut ou d'une régie, soit par tout
autre moyen que l'administration jugera convenable,
suivant les circonstances.

28. — L'entrepreneur ne peut échapper aux conséquences, souvent désastreuses pour lui, des mesures prises
par l'administration, qu'en démontrant que les reproches
que celle-ci lui adresse ont pour base une inexacte
interprétation du cahier des charges, ou bien que les
infractions dont elle l'accuse n'ont pas été constatées
dans la forme prévue aux règlements, ou bien, enfin,
qu'il a été empêché d'exécuter son marché par une force
majeure.

Mais il ne saurait se disculper et éviter des mesures
de rigueur en alléguant que lui-même s'est trompé sur
les conditions de son marché ; que, par exemple, il a
soumissionné par erreur à des prix exagérés en baisse
parce qu'il avait omis de tenir compte, dans ses prix de
revient, des droits d'octroi. Il a été jugé qu'en l'absence
de toute observation ou protestation de sa part, au sujet
de cette prétendue erreur, dans le procès-verbal d'adjudication, c'était avec raison que, sur son refus d'exécuter
son marché, le Ministre avait pourvu à cette exécution
au moyen d'un marché par défaut (1).

En ce qui concerne la force majeure, la jurisprudence
ne reconnaît le caractère de faits de cette nature susceptibles de faire exonérer l'entrepreneur des conséquences
de l'inexécution de son marché qu'aux événements qu'il
était impossible à celui-ci de prévoir. Ainsi, le Conseil
d'Etat a décidé que tel n'était pas le cas d'un entrepreneur de moutures qui, sans s'assurer de l'époque à

---

(1) Conseil d'Etat, 10 décembre 1875.

laquelle pouvaient être repris les travaux momentané-
ment suspendus, avait fait démonter le mécanisme de
son usine pour y faire des réparations; de telle sorte
qu'il lui avait été impossible d'obtempérer aux ordres
qu'il avait reçus. Par suite, le Conseil d'Etat l'a condamné
à supporter les différences de prix pouvant résulter de
marchés par défaut (1).

29. — Tous les cahiers des charges qui autorisent l'administration à prendre les mesures qu'elle jugera conve-
nables en cas d'inexécution du marché par l'entrepreneur,
mettent, en effet, à la charge de ce dernier, l'excédent de
dépenses qui peut résulter des moyens employés par
l'administration. Mais si, au contraire, il se produit une
économie provenant, par exemple, de ce que les prix du
marché par défaut sont inférieurs à ceux du marché inexécuté, le bénéfice ne profite qu'à l'Etat. Cette règle est la
conséquence du caractère de la clause qui réserve à l'administration le droit de faire exécuter l'entreprise aux frais
et risques du fournisseur défaillant. Cette clause est une
véritable clause pénale : d'où il suit qu'elle ne peut être,
en aucun cas, pour ce dernier, la source d'un bénéfice.
Il ne peut être passible des résultats de son application
que pour le préjudice qu'ils ont occasionné à l'Etat.

30. — Dans tous les cas, le fournisseur n'est jamais admis
à critiquer les moyens employés par l'administration pour
assurer le service à son.défaut, ni les opérations parti-
culières réalisées pour son compte. Il ne peut, notamment, exiger que le marché d'urgence soit précédé de la
publicité habituelle, ou bien que les quantités à fournir
ne soient pas divisées en plusieurs adjudications (2). Le
seul devoir de l'administration vis-à-vis de lui consiste
à constater régulièrement les conditions du marché par
défaut, les prix payés et les quantités fournies. L'entre-

---

(1) Conseil d'Etat, 9 février 1877.
(2) Conseil d'Etat, 13 novembre 1874.

preneur est admis à prouver que l'administration a exagéré le montant de la dépense que l'abandon de son service a occasionnée à l'Etat. Il peut ainsi obtenir une réduction des sommes mises à sa charge.

Un arrêt du Conseil d'Etat (1) nous offre un exemple intéressant d'une réduction de ce genre : « Considérant, dit-il, qu'il résulte de l'instruction qu'en fixant à 16,097 fr. 48 le montant de la dépense que le sieur D... aurait occasionnée à l'Etat par l'abandon de son service... le Ministre de la guerre a fait une évaluation exagérée de ladite dépense ; qu'en effet, la différence du prix du blé entre les places de Bône et de Guelma au détriment de celle de Bône a été moins élevée que ne l'a admis la décision attaquée ; qu'en outre, 2,323 quintaux ont été tirés des magasins militaires de Guelma et n'ont pas été achetés à Bône ; que, d'autre part, le bénéfice qu'a procuré à l'administration la vente du son et des issues à Bône, au lieu de Guelma, est plus grand que celui porté dans la susdite décision ; qu'enfin il y a lieu de retrancher la perte imposée au sieur D... par la mouture de 604 quintaux qui a été opérée pendant le quatrième trimestre de 1875 en sus du maximum de 450 quintaux par mois stipulé dans le marché passé le 18 novembre 1872 avec le sieur P... ; que ces différentes rectifications réduisent de 11,371 francs le montant des sommes à mettre à la charge du requérant et l'abaissent à 4,726 francs ; qu'ainsi il est fondé à demander le paiement de ce qui lui a été retenu au delà de ce chiffre... »

Mais, en dehors de ce droit qu'il a de veiller à ce que l'administration ne lui fasse pas supporter d'autres dépenses que celles qu'il a réellement occasionnées à l'Etat, le fournisseur défaillant n'a pour tout le reste d'autre

---

(1) Conseil d'Etat, 24 juin 1881.

garantie que la sagesse et l'équité des fonctionnaires chargés de diriger et de surveiller le service sur les lieux.

31. — Nous avons vu plus haut qu'en ce qui concerne les clauses pénales, les cahiers des charges rendent généralement celles-ci applicables, sans mise en demeure préalable. Il n'en est pas de même en ce qui concerne les marchés par défaut. Une mise en demeure à l'entrepreneur et à sa caution, s'il en a une, est presque toujours stipulée, et, si certains cahiers des charges apportent des exceptions à cette règle, c'est dans les cas où cette mise en demeure serait manifestement sans objet, notamment quand la passation d'un marché par défaut est motivée par l'abandon du service ou bien par un délit ou un quasi-délit. Dans ce cas, il suffit d'une constatation régulière du fait matériel donnant lieu au marché par défaut.

32. — Les cas d'inexécution des clauses du cahier des charges susceptibles de donner ouverture au droit, pour l'administration, d'assurer le service au défaut du fournisseur, sont prévus et énumérés dans les cahiers des charges qui régissent les principales entreprises de fournitures. Dans les cahiers des charges des entreprises moins importantes, on se borne habituellement à stipuler que l'administration aura ce droit toutes les fois que l'entreprise sera exécutée avec un esprit de fraude se manifestant par des manœuvres coupables, ou bien que l'entrepreneur aura inexécuté une ou plusieurs clauses du marché.

Un des plus importants cahiers des charges, celui du 11 juillet 1893 qui concerne les entreprises de confection et de fourniture du service de l'habillement, autorise l'administration à faire exécuter le service à défaut de l'entrepreneur dans les neuf cas suivants :

1º Si l'entrepreneur n'a pas réalisé son cautionnement dans les délais fixés ; 2º si, dans les mêmes délais, il n'a pas à sa disposition les moyens de production nécessaires à la fabrication du maximum fixé par le cahier des charges et si, au cours du marché, il ne les entretient pas en bon état et au complet; 3° si les retards apportés dans les livraisons se prolongent au delà de deux mois; 4° si les rejets dépassent 10 p. 100 du nombre des effets livrés au titre d'une même commande soit normale, soit éventuelle; 5° si le service est abandonné ou si l'entrepreneur a manqué d'une manière réitérée à une ou plusieurs clauses du cahier des charges et de ses annexes; 6° si, sans y avoir été autorisé par le Ministre, l'entrepreneur cède son marché en totalité ou en partie, ou contracte une association quelconque pour l'exécution de la fourniture; 7° si une société adjudicataire modifie sa constitution sans l'autorisation du Ministre de la guerre; 8° s'il est présenté en livraison des effets dans la confection desquels entrent des matières rejetées; 9° si le service est exécuté avec un esprit de fraude ou si des faits délictueux ou des manœuvres coupables ont été relevés dans son exécution.

Dans ces différents cas, le cahier des charges (art. 37) autorise le Ministre à « pourvoir, aux risques et périls de l'entrepreneur, au service restant à faire jusqu'à la date de l'expiration du marché ou bien seulement aux confections et fournitures non effectuées en temps utile, par telle voie qu'il jugera convenable (marchés passés à la suite d'adjudications ou de concours restreint, marchés de gré à gré ou achats sur simple facture) ».

33. — Quand l'entrepreneur se trouve dans un des cinq derniers cas énumérés plus haut (abandon du service, cession du service ou modification dans la constitution de la société adjudicataire sans autorisation du Ministre, emploi dans des confections de matières rejetées, exécution du service avec un esprit de fraude, manœuvres coupables), le Ministre peut user de son droit d'assurer le service par défaut, sans mise en demeure préalable et après

une simple constatation administrative au cours de laquelle l'entrepreneur est admis à présenter ses observations. De plus, lorsque l'infraction consiste dans l'emploi de matières rejetées ou de manœuvres frauduleuses, le fonctionnaire chargé de la constatation n'a pas à rechercher si l'entrepreneur ou ses agents ont participé personnellement aux actes prohibés. Il suffit de constater le fait matériel.

Mais quand l'entrepreneur se trouve dans les quatre premiers cas prévus par le cahier des charges (retard dans la réalisation du cautionnement ou dans l'organisation de ses moyens de production, retard de plus de deux mois dans les livraisons, rejets dépassant 10 p. 100), une mise en demeure administrative doit lui être préalablement adressée, ainsi qu'à sa caution.

Lorsque l'exécution du service a été entravée par une force majeure ou par des événements fortuits, l'administration peut, en outre, si le service ne doit pas en souffrir, surseoir à passer le marché par défaut ; mais nous croyons qu'elle est seule juge de l'opportunité de ce sursis et que l'entrepreneur ne peut réclamer celui-ci comme un droit, même s'il a fait sa déclaration au sous-intendant dans les vingt-quatre heures. Il ne saurait, en effet, être admis à discuter avec l'administration la question de savoir si le service aura ou n'aura pas à souffrir du sursis.

34. — Les dispositions du cahier des charges que nous venons d'examiner se retrouvent, en partie et avec les modifications que comportent l'objet et le mode d'exécution de l'entreprise, dans les cahiers des charges des entreprises concernant les autres services. Ainsi, le cahier des charges du 2 septembre 1893 pour la fourniture des fourrages à la ration attribue au Ministre le pouvoir de passer un marché par défaut total ou partiel, temporaire ou définitif, aux risques et périls de l'entre-

preneur, dans les circonstances énumérées ci-après :

1° Si, par suite de négligence habituelle, les distributions ne sont pas assurées avec la régularité désirable ;

2° Si le service est exécuté avec un esprit de fraude qui se manifeste soit par des rachats de rations, soit par des mélanges de mauvaises denrées avec des produits de bonne qualité, soit par l'introduction furtive dans les magasins de denrées ne remplissant pas les conditions voulues ou non admises par le règlement, soit par toute autre manœuvre coupable ;

3° Si, mis en demeure de combler un manquant à l'approvisionnement, l'entrepreneur ne l'a pas remplacé dans le délai fixé ;

4° Si, mis en demeure de se procurer les locaux et objets mobiliers nécessaires à l'exécution du service, il ne l'a pas fait dans le délai assigné par l'administration ou s'il n'a présenté que des locaux insuffisants ;

5° S'il contrevient à trois reprises à la défense d'employer des ouvriers de nationalité étrangère, sauf les exceptions qui pourraient être faites à cette règle par l'autorité militaire.

Dans tous ces cas, après une mise en demeure préalable, dans la forme administrative, ou seulement après une enquête administrative et contradictoire, s'il s'agit de faits délictueux cu de manœuvres coupables, le Ministre peut pourvoir en totalité ou en partie à l'exécution du service au moyen de marchés par défaut, sans que l'entrepreneur puisse prétendre à aucune indemnité.

35. — Le cahier des charges du 2 septembre 1893 fait suivre cette disposition de la clause suivante, qui n'avait, à notre connaissance, été insérée jusqu'ici dans aucun cahier des charges et qui résout, pour les entreprises auxquelles ce cahier des charges s'applique, une question controversée :

« Le Ministre se réserve les mêmes droits s'il est

établi que les faits énumérés dans le paragraphe précédent ont *été relevés à la charge de l'entrepreneur dans l'exécution d'autres marchés*. »

D'après cette clause, il suffit que le fournisseur qui a passé avec l'administration plusieurs marchés apporte dans l'exécution d'un d'entre eux de la négligence, un esprit de fraude, des retards, qu'il y emploie sans autorisation des ouvriers étrangers, pour que le Ministre puisse remplacer tous les marchés dont ce fournisseur est titulaire dans le même service par des marchés par défaut. Cela nous paraît très rationnel.

Il est évident que la suspicion résultant de manœuvres coupables, de l'esprit de fraude et même de la simple négligence apportés par un fournisseur dans l'exécution d'un de ses marchés s'étend nécessairement aux autres et peut suffire pour motiver, à l'égard de tous, la même mesure de rigueur. D'ailleurs, avant l'insertion de cette disposition dans le cahier des charges du 2 septembre 1893, l'administration émettait déjà la prétention qu'elle pouvait agir comme cette clause l'autorise maintenant expressément à le faire. Et encore actuellement, elle soutient que le même droit lui appartient vis-à-vis des entrepreneurs dans les cahiers des charges desquels cette stipulation n'a pas été introduite.

36. — A raison de l'urgence et de la gravité des circonstances, le même cahier des charges du 2 septembre 1893 autorise le sous-intendant à traiter par défaut dans les cas où l'entrepreneur n'assure pas en temps opportun le service qui lui est confié au moment d'une mobilisation, obligation dont il a été informé lors de l'adjudication.

Le même droit est laissé, en tout temps, au directeur du service de l'intendance si l'entrepreneur abandonne purement et simplement le service ; mais, dans ce dernier cas, le marché par défaut doit être limité à deux mois.

Le cahier des charges contient ensuite les clauses

d'usage et que nous avons déjà signalées relativement aux conséquences pécuniaires du marché par défaut.

37. — Dans les hôpitaux militaires où l'entrepreneur est seulement tenu de fournir les denrées, liquides, comestibles et autres objets de consommation au fur et à mesure des besoins, dans les délais indiqués sur chaque commande, le cahier des charges n'autorise l'administration à pourvoir au service au moyen de marchés par défaut ou par toute autre voie, que dans deux cas : lorsque l'adjudicataire et sa caution ont abandonné le service et lorsque celui-ci a été exécuté avec un esprit de fraude et de mauvaise foi se manifestant par des tentatives répétées pour faire admettre des denrées de mauvaise qualité.

Dans le premier cas, une mise en demeure dans la forme administrative doit être préalablement adressée à l'adjudicataire et à sa caution, et, en attendant que les formalités pour l'adoption d'un nouveau mode de fourniture aient été remplies, le service est assuré par les soins de l'officier d'administration gestionnaire.

38. — Les cas de force majeure ou événements fortuits de nature à entraver l'exécution des marchés peuvent donner lieu à la concession de sursis, sous la condition que le service n'aura pas à en souffrir et que les faits auront été constatés au moment même où ils se sont produits, et à la diligence des titulaires des marchés, par l'autorité administrative compétente.

Résiliation sans indemnité.

39. — La passation d'un marché par défaut, comme la mise en régie, est une mesure intermédiaire entre l'exécution normale du marché et sa rupture ; c'est une application du principe posé dans l'article 1144 du Code civil, aux termes duquel le créancier peut, en cas d'inexécution, être autorisé à faire exécuter lui-même l'obligation aux dépens du débiteur.

Mais le Code civil, dans son article 1184, confère à la partie envers laquelle un engagement n'a point été exécuté une autre faculté : celle de demander la résolution du contrat.

Les cahiers des charges des marchés de fournitures font de cette disposition du droit commun une application plus ou moins fréquente : les uns, et c'est le plus grand nombre, n'attribuent à l'administration le droit de résiliation sans indemnité qu'au cas d'inexécution de certaines clauses seulement du marché ; les autres, et notamment celui du 11 juillet 1894 pour la fourniture des denrées, liquides, combustibles et objets de consommation à faire annuellement aux hôpitaux militaires, confèrent, au contraire, ce droit à l'administration dans tous les cas de non-exécution, par l'adjudicataire et sa caution, « d'une ou plusieurs clauses du cahier des charges ».

40. — Sauf quelques cas dans lesquels elle s'opère de plein droit, la résiliation sans indemnité est prononcée par le Ministre après l'accomplissement de certaines formalités que nous indiquerons plus loin.

Auparavant, nous croyons nécessaire de faire connaître les causes de résiliation qui sont le plus habituellement prévues par ceux des cahiers des charges qui n'attachent pas cette sanction à toute infraction à leurs clauses. Ces causes varient nécessairement suivant la nature des fournitures et les conditions d'exécution des marchés. Il en est quelques-unes cependant qui sont d'une application presque générale et que l'on rencontre dans presque tous les cahiers des charges. Nous les signalerons tout d'abord. Ce sont :

1º *La non-réalisation du cautionnement dans le délai fixé.* — Cette cause de résiliation est stipulée dans tous les marchés qui comportent un cautionnement.

Voici en quels termes M. l'intendant général Dela-

perrierre, dans son remarquable *Cours de législation et
d'administration militaire* (1), définit le cautionnement
et expose les formalités à remplir pour sa réalisation :

« Tout adjudicataire doit réaliser, dans les délais
fixés par le cahier des charges, un cautionnement dont
la nature et l'importance sont fixées par le même docu-
ment. Pour les marchés de livraison d'une importance
totale moindre de 20.000 francs, il n'est généralement
pas exigé de cautionnement. Le cautionnement est une
garantie de l'exécution des traités. Il peut être personnel
ou matériel. Le cautionnement personnel est l'obligation
contractée par un tiers de répondre personnellement de
l'exécution d'un marché et des conséquences de l'inexécution. Ce mode de cautionnement est prévu par le
Code civil, qui règle toutes les obligations de la caution.
Se rendre caution veut dire s'engager à répondre pour
une autre personne et remplir, à son défaut, l'engagement qu'elle aura pris.

» L'engagement de la caution solidaire résulte soit
d'un acte de cautionnement distinct du marché, soit
d'une simple déclaration faite et signée sur le marché
lui-même.

» Le cautionnement matériel consiste en un dépôt de
valeurs affectées par premier privilège à la garantie de
l'Etat. Ce dépôt peut être fait soit en numéraire, soit
en rentes sur l'Etat.

» Dans le premier cas, la somme à laquelle s'élève,
d'après le marché, le chiffre de la garantie à fournir,
est versée dans la caisse du trésorier des finances au
titre de la Caisse des dépôts et consignations; l'adjudicataire y joint une déclaration d'affectation qu'il revêt
de sa signature. Un récépissé de versement est remis
au déposant qui le conserve entre ses mains. Copie de

---

(1) Tome II, page 59.

la déclaration de consignation dûment certifiée est adressée au Ministre comme justification de la réalisation du cautionnement.....

» Dans le second cas, l'adjudicataire fait déposer les titres de rente à Paris dans les bureaux de l'agent judiciaire du Trésor public..... Un acte spécial, sous seing privé, les affecte au cautionnement stipulé. Cet acte doit donner expressément à l'agent judiciaire pouvoir *non révocable* de vendre les inscriptions de rente en cas de débet qui ne serait pas acquitté dans les vingt jours de la sommation de payer, et d'en verser le produit au Trésor jusqu'à concurrence du montant dudit débet en principal, intérêts et frais. Il est remis par l'agent judiciaire du Trésor, au titulaire de la rente ou à son mandataire, un certificat, dit bordereau annuel, qui lui permettra de toucher les arrérages de la rente.

» Il n'est pas nécessaire qu'un cautionnement appartienne en propre à l'adjudicataire, il peut être fourni par un tiers qui conserve alors sur ces valeurs un privilège de second ordre constaté dans la déclaration de consignation. Cette déclaration doit être signée par l'adjudicataire et le bailleur de fonds.

» Dès la réception de l'avis qui lui est donné de l'approbation de son marché, tout fournisseur ou entrepreneur doit faire connaître au Ministre, par la voie hiérarchique administrative, en quelles valeurs, soit numéraire, soit rentes nominatives sur l'Etat, il se propose de constituer son cautionnement, si toutefois le cahier des charges qui le lie n'a pas expressément déterminé la nature de la garantie. »

Depuis l'époque où ces lignes ont été publiées, l'administration, sans modifier les formalités à remplir pour la réalisation du cautionnement, a décidé que le cautionnement matériel pourrait consister, non plus seulement en numéraire et en rentes nominatives sur l'Etat, mais aussi en rentes mixtes et au porteur et en valeurs du Trésor au porteur ou transmissibles par voie d'endossement.

L'entrepreneur peut même, sur sa demande, et si le Ministre le juge convenable, être autorisé à remplacer le cautionnement en numéraire ou en valeurs sur l'Etat français par une affectation hypothécaire présentant des garanties suffisantes.

Enfin, dans certains cas exceptionnels prévus par les cahiers des charges et notamment par celui du 11 juillet 1893, relatif à la fourniture d'effets de coiffure, de grand équipement et de chaussure, le cautionnement peut consister en la formation et l'entretien, dans les ateliers de l'entrepreneur, d'un approvisionnement des matières destinées à être employées pour la confection, par exemple, de cuirs tannés et corroyés. Cet approvisionnement doit représenter en valeur la somme à laquelle le cahier des charges a fixé le cautionnement.

Mais, quelle que soit la nature du cautionnement, il doit toujours, sous peine de résiliation sans indemnité, être réalisé ou constitué dans le délai stipulé au cahier des charges. Ainsi, lorsqu'il consiste en un approvisionnement de cuirs, cet approvisionnement doit être fourni dans le délai de deux mois à partir de la notification de l'approbation de l'administration. Dans ce délai, les cuirs doivent être soumis à des vérifications préalables qui sont opérées, dans les magasins administratifs de l'arrondissement de fournitures, par des experts commissionnés et rétribués par l'administration de la guerre.

Lorsque le fournisseur, dans certains cas prévus par les cahiers des charges, a fait agréer une caution personnelle à la place de la garantie pécuniaire stipulée, l'acte de cautionnement doit être passé dans le délai prévu pour la réalisation du cautionnement matériel auquel la caution personnelle a été substituée.

Quand un soumissionnaire a dû pour être admis à l'adjudication opérer à titre de cautionnement provisoire un dépôt de valeurs, et que, devenu adjudicataire, il ne réalise pas dans les délais fixés son cautionnement définitif, le cautionnement provisoire est, on le sait, acquis à l'Etat. Il est fait, toutefois, une exception à cette règle lorsque le cahier des charges dispose que le cautionnement réalisé avant l'adjudication à titre provisoire, servira de cautionnement définitif.

2° *L'impuissance de la part de l'entrepreneur de se procurer, dans les délais fixés, les moyens d'exécuter le service.* — La plupart des cahiers des charges, dans les différents services, astreignent l'adjudicataire d'un marché de fournitures à se procurer, dans le délai que lui assignera l'administration et sous peine de résiliation, les locaux, objets mobiliers et moyens de production nécessaires à l'exécution du service.

Par exemple, s'il s'agit d'une entreprise de confection et de fournitures d'effets d'habillement, l'entrepreneur est tenu sous cette sanction, d'après le cahier des charges du 11 juillet 1893, « d'avoir à sa disposition dans le délai fixé les moyens de production nécessaires à la fabrication du maximum fixé » et de les entretenir, au cours du marché, en bon état et au complet.

S'il s'agit d'une entreprise pour la fourniture et la fabrication du pain de troupe à la ration, ou pour la fourniture des fourrages à la ration, l'entrepreneur encourt la résiliation s'il ne se procure pas, dans le délai fixé par une mise en demeure, les locaux et objets mobiliers nécessaires à l'exécution du service et que l'Etat ne lui fournit pas, ou s'il ne présente que des locaux insuffisants.

3° *La négligence habituelle ou les retards prolongés dans les distributions ou les livraisons.* — Dans les marchés de fournitures dont la distribution doit être faite aux troupes par les soins de l'entrepreneur, et à des intervalles très rapprochés, les cahiers des charges autorisent le Ministre de la guerre à prononcer la résiliation sans indemnité lorsque « par suite de négligence habituelle de l'entrepreneur, les distributions ne sont pas assurées avec la régularité désirable ».

Cette clause, que la nature des choses ne permet pas d'exprimer d'une façon plus explicite, laisse nécessairement à l'administration un pouvoir d'appréciation assez large et même un peu discrétionnaire. Elle peut prêter à des contestations et même donner lieu à des recours contentieux devant le Conseil d'État si elle est appliquée sans motifs suffisants.

Dans les marchés de livraison, il a été possible, au contraire, d'être plus précis. Le Ministre est autorisé à prononcer la résiliation toutes les fois que les retards apportés par l'entrepreneur dans ses livraisons dépassent un délai déterminé.

Ce délai est fixé habituellement à deux mois par les cahiers des charges concernant les entreprises de confection et de fourniture d'effets du service de l'habillement, et notamment par le cahier des charges type du 11 juillet 1893. Il est réduit cependant à un mois seulement par certains cahiers des charges et spécialement par celui du 10 août 1894 relatif à la fourniture des effets d'habillement, de grand équipement, de coiffure et des accessoires divers, nécessaires au Prytanée militaire du 1er janvier 1895 au 31 décembre 1899.

4° *L'abandon du service.* — Lorsque l'entrepreneur a une caution personnelle solidairement engagée avec lui à l'exécution des clauses et conditions du marché, cette cause de résiliation ne peut être appliquée qu'après que la caution aura été mise en demeure d'assurer elle-même le service et que si elle n'a tenu aucun compte de cette mise en demeure. (Art. 180 du règlement sur le service des subsistances.)

5° *La cession du marché en totalité ou en partie sans*

l'autorisation du Ministre de la guerre. — Quand l'adjudicataire est une société, quelques cahiers des charges
lui interdisent non seulement de céder son marché à un
tiers ou à une autre société, mais même de modifier sa
constitution sans l'autorisation du Ministre. Mais nous
ne croyons pas que cette disposition vise tous les change-
ments quelconques que la société adjudicataire pourrait
apporter à ses statuts. Elle nous paraît avoir en vue seulement les modifications qui seraient de nature à diminuer les garanties que la société offrait au moment de
l'adjudication, tant sous le rapport des personnes char-
gées de sa gestion que sous le rapport du chiffre de son
capital. Nous ne pensons pas que le Ministre serait fondé
à prononcer la résiliation à raison, par exemple, d'une
réduction de la durée de la société, si cette durée devait
encore excéder celle du marché.

6° *L'exécution du service avec un esprit de fraude
manifesté par des actes délictueux ou des manœuvres
coupables.* — Quelques cahiers des charges, au lieu de
s'en tenir à cette formule générale, spécifient certains de
ces cas délictueux ou de ces manœuvres coupables.
C'est ainsi que les cahiers des charges pour les fournitures à la ration du pain de troupe et des fourrages,
signalent comme des manifestations de l'esprit de fraude
les rachats de rations, les substitutions occultes, les mélanges de mauvaises denrées avec des produits de bonne
qualité, l'introduction furtive dans les magasins de denrées ne remplissant pas les conditions voulues ou non
admises par le règlement. Mais, pour que cette énumé-
ration n'ait pas une portée limitative, ils ont soin d'y
ajouter « toute autre manœuvre coupable ».

Aucune excuse n'est admise en faveur de l'entrepreneur qui a fait un acte ou qui s'est livré à une manœuvre
que le cahier des charges considère comme une manifes-
tation de l'esprit de fraude. Ainsi, un arrêt du conseil

d'Etat du 4 juin 1857, a rejeté le recours d'un fournisseur de fourrages à la ration à la gendarmerie contre la décision ministérielle qui avait résilié son marché pour avoir, avec le consentement du conseil d'administration de la compagnie, avec l'autorisation du colonel commandant la légion et du sous-intendant militaire, substitué aux livraisons de fourrages en nature le paiement aux brigades d'une certaine somme par ration, sauf à ces brigades à s'approvisionner elles-mêmes.

7° *La mise en faillite ou en liquidation judiciaire de l'entrepreneur.*

8° *Le décès de l'entrepreneur.* — Dans ces deux derniers cas, la plupart des cahiers des charges ne stipulent pas que le marché sera résilié sans indemnité de plein droit; ils autorisent seulement le Ministre à prononcer la résiliation, s'il le juge à propos, dès que le fait de la faillite ou du décès lui est officiellement connu. Cette résiliation facultative, qui a lieu sans mise en demeure, peut être prononcée même dans le cas où l'entrepreneur en faillite aurait été autorisé par le tribunal à continuer l'exploitation de son commerce ou de son industrie.

Toutefois, lorsque l'entrepreneur a une caution personnelle, celle-ci doit, sauf exceptions prévues au cahier des charges et que nous indiquerons plus loin, être mise en demeure d'assurer elle-même le service, et il n'y a pas lieu, bien entendu, à résiliation si la caution se conforme à cette injonction.

Quelques cahiers des charges, et notamment celui pour la fourniture de denrées et d'objets de consommation à faire annuellement aux hôpitaux militaires, dérogent à la règle généralement suivie et ils disposent exceptionnellement que la faillite, la mise en liquidation judiciaire et le décès de l'entrepreneur entraîneront de droit la résiliation. Ils obligent, cependant, les créanciers et héritiers à continuer les fournitures pendant un délai

maximum de deux mois pour donner à l'administration
le temps de prendre telles mesures qu'elle jugera con-
venables pour assurer le service.

Mais, aux termes de presque tous les autres cahiers
des charges, les héritiers ou créanciers de l'entrepreneur
décédé ou failli sont, au contraire, tenus en principe d'assurer, pour leur propre compte, l'exécution du marché
jusqu'à son expiration, si le Ministre ne croit pas devoir
user de la faculté de résiliation qui lui est réservée. Ils
peuvent, toutefois, se dégager de cette obligation en no-
tifiant à l'administration le jugement déclaratif de faillite
ou l'acte de décès, et, dans ce cas, le marché se trouve
résilié de plein droit deux mois après cette notification.

On le voit, la différence que ces cahiers des charges
établissent entre les parties contractantes, consiste uni-
quement en ce que le Ministre peut résilier le marché
sans mise en demeure dès qu'il a connaissance de la
faillite ou du décès, tandis que les créanciers et héritiers
ne peuvent rompre le contrat qu'après avoir assuré le
service pendant deux mois à compter du moment où ils
ont fait connaître leur intention de ne pas continuer le
service. L'intérêt public justifie pleinement cette différence.

41. — Tels sont les cas de résiliation sans indemnité
prévus dans la généralité des cahiers des charges. Il nous
reste à en signaler quelques autres qui sont spéciaux à
certains marchés.

Dans le service des subsistances, en outre des cas
indiqués plus haut, les cahiers des charges, et notamment
ceux pour les fournitures du pain de troupe et des
fourrages à la ration, autorisent le Ministre à prononcer
la résiliation sans indemnité :

1° *Si mis en demeure de combler un manquant à l'approvisionnement, l'entrepreneur ne l'a pas remplacé dans
le délai fixé;*

2° *Si l'entrepreneur contrevient, à trois reprises, à la défense d'employer des ouvriers étrangers.*

L'autorité militaire s'est réservée, en effet, d'être seule juge des exceptions qu'il convient d'apporter à la règle qui interdit l'accès des établissements militaires à des personnes qui ne sont pas de nationalité française ou naturalisées françaises.

Le cahier des charges du 2 septembre 1893 pour la fourniture des fourrages à la ration, accorde également au Ministre la faculté de prononcer la résiliation d'un marché, *si des faits de nature à motiver cette résiliation sont relevés à la charge de l'entrepreneur « dans l'exécution d'autres marchés ».*

Nous nous sommes déjà expliqués au sujet de cette clause, qui constitue une innovation, en nous occupant des cas dans lesquels le Ministre peut passer des marchés par défaut.

Dans le service de l'habillement, les cas particuliers de résiliation sans indemnité sont les suivants :

1° *Si les rejets dépassent 10 p. 0/0 du nombre des effets livrés au titre d'une même commande soit normale, soit éventuelle;*

2° *Si l'entrepreneur a manqué d'une manière réitérée à une ou plusieurs clauses du cahier des charges;*

3° *S'il a présenté en livraison des effets dans la confection desquels entrent des matières rejetées.*

Dans ce dernier cas, comme dans celui où le service est exécuté avec un esprit de fraude et où des faits délictueux ont été relevés dans l'exécution, il suffit que l'infraction soit établie matériellement, sans qu'il soit besoin de rechercher si l'entrepreneur ou ses agents ont participé personnellement aux actes prohibés.

En ce qui concerne le service des hôpitaux, on a vu plus haut que toute infraction à une ou plusieurs clauses du cahier des charges pouvait être un cas de résiliation sans indemnité.

42. — Nous allons examiner maintenant de quelle manière et dans quelle forme doivent être constatées les infractions qui sont de nature à motiver la résiliation du marché sans indemnité pour l'entrepreneur; il ne faut pas oublier, en effet, que la résiliation avec indemnité peut toujours être prononcée par le Ministre sans qu'il existe aucun sujet de plainte contre l'entrepreneur.

En principe, la résiliation sans indemnité ne peut être prononcée qu'après une mise en demeure adressée à l'entrepreneur en faute; mais les cahiers des charges dispensent, dans certains cas, l'administration de cette formalité et autorisent le Ministre à prononcer la résiliation après une simple constatation administrative dans laquelle l'entrepreneur est entendu pour présenter ses observations. C'est ainsi que le cahier des charges du 11 juillet 1893 pour les fournitures du service de l'habillement stipule que « la mise en demeure n'est pas nécessaire, même en ce qui concerne la caution, qui est alors dépossédée au même titre que l'entrepreneur, si l'infraction est comprise parmi celles visées aux paragraphes 5, 6, 7, 8 ou 9 de l'article 39 », c'est-à-dire dans les cas :

1° De présentation en livraison d'effets dans la confection desquels sont entrées des matières rejetées ;

2° D'abandon du service ou de manquement d'une manière réitérée à une ou plusieurs clauses du cahier des charges ;

3° De cession par l'entrepreneur de son marché, ou d'association avec un tiers sans autorisation ;

4° D'exécution du service avec un esprit de fraude, ou si l'entrepreneur a commis des actes délictueux ou des manœuvres coupables.

Dans ce dernier cas, la constatation administrative doit être précédée d'une enquête contradictoire.

La constatation administrative n'est assujettie à aucune

forme spéciale. Ainsi, un arrêt du conseil d'Etat du 21 mars 1883 décide qu'il a été satisfait aux prescriptions du cahier des charges relativement à cette constatation, « dès lors qu'il résulte de l'instruction que des vérifications ont été faites à diverses reprises par les fonctionnaires de l'intendance, à l'effet de contrôler l'exécution du service entrepris par le requérant; que celui-ci y a assisté en personne ou y a été représenté soit par son préposé, soit par un expert qu'il avait préalablement désigné, et qu'en outre de nombreux avertissements lui ont été donnés d'avoir à fournir des denrées de meilleure qualité ».

43. — La nécessité d'une mise en demeure préalable, adressée administrativement à l'entrepreneur et à sa caution, s'il en a une, est admise par presque tous les cahiers des charges dans les cas suivants : si l'entrepreneur n'a pas réalisé son cautionnement dans les délais fixés; si, dans ces délais, il n'a pas à sa disposition soit les locaux et les objets nécessaires à l'exécution du service, soit les moyens de fabrication du maximum prévu au marché; si les retards dans les livraisons se sont prolongés au delà du délai déterminé par le cahier des charges; si les rejets ont dépassé le 10 p. 0/0 du nombre des effets livrés au titre d'une même commande.

Les cahiers des charges pour les fournitures du pain de troupe et des fourrages à la ration ne dispensent même de mise en demeure préalable que lorsqu'il s'agit d'actes délictueux ou de manœuvres coupables, l'enquête contradictoire tenant lieu dans ce cas de mise en demeure.

Enfin, les cahiers des charges qui autorisent la résiliation pour toute infraction quelconque à une ou plusieurs de leurs clauses imposent généralement dans tous les cas à l'administration l'obligation de mettre préalablement l'entrepreneur en demeure.

La durée du délai à assigner à l'entrepreneur mis en

demeure pour se mettre en règle est habituellement laissée à l'appréciation de l'administration. Cependant, quelques cahiers des charges fixent la durée de ce délai à trois jours.

L'entrepreneur qui est en demeure est responsable des cas de force majeure survenus depuis la mise en demeure et qui l'empêchent de remplir ses obligations. Il ne peut, comme l'entrepreneur non en faute, se prévaloir de la force majeure pour s'en dégager (1).

44. — Bien qu'en principe, ainsi que nous l'avons vu plus haut, la résiliation doive être précédée d'une mise en demeure toutes les fois que le cahier des charges ne dispense pas l'administration de cette formalité, la jurisprudence a admis que le Ministre avait pu valablement déclarer résilié, pour cause d'inexécution dans le délai fixé, un marché de fournitures destinées à pourvoir aux besoins urgents d'une armée en campagne.

Elle a décidé que, dans ce cas, l'exécution du contrat dans le délai fixé était une condition essentielle, dont la violation avait pour effet d'entraîner de plein droit la résiliation sans mise en demeure (2).

Le fait qu'après l'expiration du délai indiqué l'administration avait procédé à la réception et au paiement d'une partie de la fourniture ne lui a même pas paru, à raison des circonstances, constituer de la part du Ministre une renonciation à son droit de résiliation.

45. — La décision par laquelle le Ministre a prononcé la résiliation sans indemnité d'un marché n'est pas une décision sans appel. Le fournisseur peut se pourvoir contre elle devant le conseil d'Etat, et ce dernier peut, à la suite de l'instruction à laquelle il se livre, déclarer la résiliation mal fondée.

C'est ainsi qu'un arrêt du 30 août 1871 a annulé une

---

(1) Conseil d'Etat, 18 février 1858.
(2) Conseil d'Etat, 17 décembre 1880.

décision du Ministre de la guerre qui avait résilié un marché pour cause de fraude et de manœuvres coupables. Il s'agissait de fournitures livrées à des militaires de la gendarmerie sans avoir été acceptées par la commission de vérification. Le conseil d'Etat n'a pas jugé que le fait de cette livraison irrégulière constituât, à lui seul, un acte de fraude et une manœuvre coupable. « Considérant, dit l'arrêt, que s'il est résulté de l'enquête du sous-intendant qu'un certain nombre de fournitures non acceptées par la commission de vérification ont été trouvées soit dans les magasins des compagnies, soit en la possession de militaires appartenant à la compagnie, et si, par suite, quelques irrégularités paraissent s'être produites dans l'expédition des fournitures du sieur L... il n'est pas allégué que ces fournitures aient été de qualité inférieure aux fournitures régulièrement faites, et qu'en outre, le sieur L... soutient qu'une partie d'entre elles provient de ventes faites directement par lui aux militaires de la gendarmerie, ainsi qu'il en est justifié par l'apport de nombreuses factures ; que, dans ces circonstances, c'est à tort que le Ministre a considéré comme établis les faits de fraude et de manœuvres coupables sur lesquels il s'est fondé pour prononcer la résiliation du marché du sieur L... »

Un autre arrêt du 7 février 1873 a également refusé de maintenir une décision ministérielle qui résiliait un marché de fourniture de chaussures, par le motif que le Ministre n'établissait pas que la fourniture fût, *dans son ensemble,* inférieure au type qui avait servi de base au marché.

De même, un arrêt du 3 juin 1872 décide que le retard d'un jour résultant de l'obstacle opposé par la neige au transport de fournitures dans la traversée du Mont-Cenis n'était pas de nature à permettre à l'administration de la guerre de déclarer le marché résilié pour défaut d'exécution dans le délai convenu.

Enfin, un arrêt du 18 juillet 1873 a considéré qu'en continuant à prendre livraison de fournitures après l'expiration des délais fixés, l'administration avait, de fait, accordé un sursis à l'entrepreneur et qu'elle ne pouvait plus, par suite, prononcer la résiliation qu'après lui avoir adressé une mise en demeure de fournir le complément de son marché.

46. — L'annulation par le conseil d'Etat d'une décision ministérielle prononçant la résiliation d'un marché n'a pas pour effet de remettre l'entrepreneur en possession dudit marché. Elle a seulement pour conséquence de transformer la résiliation sans indemnité, infligée à l'intéressé à titre de pénalité, en une résiliation avec indemnité telle que celle que tous les cahiers des charges reconnaissent au Ministre le droit de prononcer quand il le juge convenable. L'Etat devra non seulement dédommager l'entrepreneur des pertes que la résiliation lui a fait subir, mais aussi lui tenir compte des bénéfices qu'il aurait pu réaliser sur l'exécution du marché, et dont il a été privé.

C'est l'application du droit commun et des articles 1149 et 1794 du Code civil.

L'indemnité ne doit comprendre toutefois que les dommages qui sont la conséquence directe de la résiliation. Il n'est rien dû pour le préjudice moral que l'entrepreneur prétendrait avoir éprouvé.

L'indemnité doit de plus être fixée d'après l'état de choses existant au jour de la résiliation, c'est-à-dire en prenant, par exemple, pour base, l'effectif existant au jour de la résiliation sans avoir égard aux augmentations qui se sont produites postérieurement (1).

Enfin, il est tenu compte dans le calcul de l'indemnité pour perte de bénéfices de l'anticipation de jouissance

---

(1) Conseil d'Etat, 20 juin 1873.

résultant de ce que cette indemnité est exigible à dater de la résiliation, tandis que les bénéfices n'auraient été réalisés qu'à mesure de l'exécution du marché (1).

(1) Conseil d'Etat, 4 février 1875.

FIN

TABLE DES MATIÈRES

Paris et Limoges. — Impr. militaire Henri CHARLES-LAVAUZELLE.

7

www.ingramcontent.com/pod-product-compliance
Lightning Source LLC
Chambersburg PA
CBHW071009280326
41934CB00009B/2232